आग जो जलाती नहीं

एस्टोनियाई कविताओं का अनुवाद

आग जो जलाती नहीं

डोरिस कारेवा

अंग्रेज़ी से अनुवाद एवं संचयन

तेजी ग्रोवर

रुस्तम सिंह

(मूल भाषा एस्टोनियाई से मिलान कवि की मदद से)

राजकमल प्रकाशन

This book has been supported by the Estonian Cultural Endowment,
Traducta programme

ISBN : 978-93-90971-23-7

मूल्य : ₹495

पहला संस्करण : 2022

प्रकाशक : राजकमल प्रकाशन प्रा. लि.
1-बी, नेताजी सुभाष मार्ग, दरियागंज
नई दिल्ली-110 002
शाखाएँ : अशोक राजपथ, साइंस कॉलेज के सामने, पटना-800 006
पहली मंजिल, दरबारी बिल्डिंग, महात्मा गांधी मार्ग, प्रयागराज-211 001
36 ए, शेक्सपियर सरणी, कोलकाता-700 017

वेबसाइट : www.rajkamalprakashan.com
ई-मेल : info@rajkamalprakashan.com

मुद्रक : बी.के. ऑफसेट
नवीन शाहदरा, दिल्ली-110 032

AAG JO JALATI NAHIN
Poems by Doris Kareva
Selected & Translated by Teji Grover & Rustam Singh

क्रम

डोरिस कारेवा मेरे लिए क्या हैं?

अगर कोई मुझसे पूछे कि डोरिस कारेवा मेरे लिए क्या हैं तो मुझे बर्फ़बारी के बाद खिड़की पर फिसलते हुए उस हिमकण की याद आएगी जो किसी दूसरे हिमकण में अपने प्रकाश को विलीन कर, स्वयं को पुन: आकाश में उड़ जाने को तत्पर पाता है : एक दिव्य उपस्थिति जो भंगुरता का साक्ष्य और कालान्तर में उसी का महाकाव्य प्रस्तुत करती है। यह एक ऐसा विवेक है, ऐसी मेधा, जो किसी सत्य को अनुभव कर उसका विसर्जन पूर्णतया कविता में कर पाती है, और स्वयं को पुन: निष्कवच और वध्य अवस्था में पाती है, मानो उसने कभी उस सत्य का स्पर्श प्राप्त ही न किया हो। वह वध्य है जो कवि है, वह कहीं पहुँचा हुआ जीव नहीं है। वह हर बार कोरे पन्ने को ताकते हुए एक बार फिर घोर अनाड़ी सिद्ध होता है। डोरिस से मिलकर और उन्हें पढ़कर सहज ही आभास होता है कि उनके देहात्म पर काव्य-सत्य के साफ़-साफ़ दिखते हुए पराग-कण केवल उस यात्रा का झीना-सा संकेत मात्र हैं जो अनन्त फूलों के हृदय तक उनका कवि-मन कर चुका है। और यह भी कि उन्हें स्वयं इन परागकणों के बारे में कुछ भी नहीं मालूम, जबकि वे उन फूलों से पूरी तरह आत्मीय परिचय पा चुकी हैं जो उनके काव्य-स्रोत हैं। उनके कवि का यह सत्य उन्हें एक विस्मयकारी उपस्थिति में रूपायित कर देता है। यह सुखद आश्चर्य का विषय है कि वे एक ऐसी कवि हैं जिन्हें आप ख़ुद कवि होते हुए भी ऐसे विस्मय से देखते हैं जैसे एक कवि ही दूसरे कवि को देख पाता है। (और ज़ाहिर है आप कवि होकर भी हर कवि को ऐसे विस्मय से नहीं देख पाते। आपकी यह सीमा आपके कवि-स्वभाव के अनुकूल है, आपको कवि बनाए रखती है, उस वक़्त भी जब आप स्वयं लिख नहीं रहे होते।)

उन्हें विस्मय से देखने वाले कवियों को गिनना आसान भी नहीं है और यह मात्र संयोग नहीं है कि डोरिस को उनके देश एस्टोनिया में कविता की संरक्षिका या अभिभाविका माना जाता है। उनके लिखे हुए गीत उनके हमवतनों के लबों पर गाये जाने को हमेशा आतुर रहते हैं; उन पंचवर्षीय संगीत सम्मेलनों में तो और भी जब पाँच साल से रियाज़ करता पूरा देश ही राजधानी टालिन्न की तरफ़ दौड़ा चला आता है। 2019 के विशाल आयोजन का आगाज़ ही डोरिस के लिखे गीतों से हुआ था।

संगीत में धुत्त रहने वाली डोरिस कारेवा ने अपने सुविख्यात कम्पोज़र पिता हिल्लारी कारेवा से कर्णप्रिय ध्वनियों को साधने के अलावा कुछ और भी सीखा। जब वे चार-पाँच साल की उम्र में चित्र बनाने के लिए अपने पिता से काग़ज़ और रंगों की माँग करतीं, तो उनके पिता उन्हें गत्ते का एक टुकड़ा, पानी से भरी कटोरी और एक महीन-सा ब्रश देकर कहा करते, बस हमें इतने की ही ज़रूरत है। अपनी बात को सिद्ध करने के लिए वे ख़ुद ही चित्र बनाने लगते, और नीचे तक आते-आते चित्र का ऊपरी भाग सूख जाता। डोरिस ख़ुद ही कहती हैं कि इन चित्रों के जादुई भूदृश्य उनके लिए मनुष्य के अस्तित्व का प्रतीक ही रहे आए।

एस्टोनिया और अन्य देशों में उनके पिता के योगदान को याद करते डोरिस की कई काव्य-प्रस्तुतियाँ संगीत की संगत में होती हैं। इन अवसरों पर ऐसा माहौल पैदा होता है मानो सुर-साज़-शब्द सब रंग-बिरंगे फूलों और सतरंगी लहरों में रूपायित हुए चले जा रहे हों। फिर कहाँ कोई कवि बचता है या कोई श्रोता, न रोशनी में नहाया कोई साज़िन्दा किसी एकल अदायगी में अपनी ओर ध्यान ही खींचता है! इस भव्य दृश्य को सुनकर कोई कह देता है कि डोरिस की कविता के फ़रिश्ते तलवारधारी हैं और कि उनकी कविता की विस्मयकारी दिव्यता उसी साँस में मानवीय दुर्बलता के गुम्बदों की झलक लिये हुए रहती है।

यहीं मुझे डोरिस के बारे में एक और अविश्वसनीय बात कहनी है : कि वे (बकौल उनके) कभी झूठ नहीं बोलतीं। 2019 में उनकी कविताओं पर काम करते समय बाल्टिक समुद्र के तट पर बसे एक श्वेत घर के पोर्च में बैठे उनसे हो रही गुफ़्तगू में अचानक इस बात से रुस्तम और मेरा यूँ सामना हुआ जैसे आप किसी दिव्य संगमरमरी शिल्प के सामने ठिठक जाते

हैं। वे हमसे कह रही थीं कि जहाँ तक उनका सवाल है, वे झूठ क़तई नहीं बोल पातीं, क्योंकि बचपन में उनकी दादी ने उनके मन में बिठा दिया था कि ईश्वर सब देखता है। डोरिस ने स्वयं रस्मी मज़हब को कभी तरजीह नहीं दी, लेकिन दादी की इस बात को उन्होंने एक अकाट्य तथ्य की तरह ग्रहण किया। उनके तर्कानुसार यदि ईश्वर हर शै में मौजूद है तो झूठ बोलना सम्भव ही नहीं, कोई तुक नहीं झूठ बोलने में। इस विषय पर वे कहती हैं, "दरअसल मैंने कभी कोशिश भी नहीं की झूठ बोलने की। एक तो झूठ का हुनर ही नहीं है मुझमें—शायद कल्पना का अभाव है—दूसरे मेरी स्मृति पहले ही से काफ़ी ठुँसी हुई है, फिर छद्म ब्योरों को दर्ज भी क्यों करना? क्या हासिल होगा उससे? जिसके आप पात्र नहीं हैं, वह आपको हासिल हो भी क्यों? हालाँकि, यह भी सच है कि बहुत से लोगों को वह हासिल नहीं होता जिसके कि वे पात्र हैं—बजाय इसके उन्हें स्वच्छन्दता की ऐसी प्रतीति होती है जो उन्होंने शायद कभी चाही भी न थी...जो अपने आप में किसी वरदान से कम नहीं।"

मैं बता नहीं सकती कैसे लेकिन इस एक सूत्र से मुझे उनकी कविता के भीतर प्रविष्ट होने का एक और द्वार अनायास ही दिखने-दिखने को हुआ। क्या उनका यह कांचन-सा खरा कवि-स्वभाव, जो हमारे समय में लिखी जा रही उनकी कविता में निस्पन्द प्रतिबिम्बित है, उनकी कविता को एकदम पारदर्शी भी बनाता है? ("कोई अगर ख़ुद से भी झूठ न बोले/कैसा आवेग होगा वह") यह लेखन पारदर्शिता पर इस तरह टेक लेता है कि इसकी काया में पिता के पियानो पर धरी शल्य-क्षुरिका और ताल-घड़ी अपनी 'स्टिल लाइफ़' में भी समय को इतना झीना तराश देती हैं कि वह पारदर्शी हुआ जा रहा है।

वे सूफ़ी कवि रूमी से सुवास खींचती हैं, और जब उसे छोड़ती हैं तो कामना से काँपता हुआ महक का एक झोंका सुनाई पड़ता है। आप ज़रूर इस बात को समझ रहे होंगे : आप जिन्होंने, सम्भवतः, कविता से प्रेम किया है।

—तेजी ग्रोवर

स्वर-संगति : एक पाठ

जब मैं चार-पाँच साल की बच्ची थी, मुझे रंगों और काग़ज़ की बड़ी चाहत रहती थी ताकि मैं जी भरकर चित्र बना सकूँ। मेरे पिता मुझे गत्ते का एक टुकड़ा, पानी का एक गिलास और एक पतला-सा ब्रश देकर कहते : बस यही चाहिए हमें, और कुछ भी नहीं। अपनी बात को सही साबित करने के लिए वे गीले ब्रश से गत्ते पर एक भू-दृश्य बना दिया करते। जब तक वे गत्ते के टुकड़े के निचले छोर तक पहुँचते, चित्र का ऊपरी भाग सूखने लगता। मेरे लिए यह जादुई और असीम भू-दृश्य मानवीय अस्तित्व का प्रतीक रहा आया है। हमारे साधन सीमित हैं, सम्भावनाएँ अनन्त।

टालिन्न संगीत अकादमी में, जहाँ मेरे पिता काम किया करते थे, उनका ओहदा था : स्वर-संगति के उस्ताद। उनके इस पद को लेकर मेरे अचम्भे का कोई अन्त नहीं था, क्योंकि वे एक निहायत तुनकमिज़ाज शख़्स थे, सिगरेट उनके हाथ से छूटती न थी, और वे अन्धाधुन्ध दारू पीते थे। उनका जीवन दोलक के उस सन्तुलन बिन्दु का विलोम था जिसके वे यूनानी संस्कृति के प्रशंसक होने के नाते प्रगाढ़ पक्षधर थे। हालाँकि मुझे बहुत बाद में इस बात का बोध हुआ कि शायद तारतम्य का सत्त्व संघर्ष में है, बचे रहने में नहीं, उस गति में है जो अन्तहीन है, लमहा-दर-लमहा सन्तुलन को फिर-फिर बनाते रहने में है। या शायद लगातार जद्दोजेहद करते रहने से ही बचे रहना सम्भव होता होगा—लहरों पर सर्फिंग करने की मानिन्द।

जिसे हम सौन्दर्य कहते हैं क्या वह अन्ततः सुन्दराई[1] नहीं है? सुन्दराई—

1. अंग्रेज़ी के शब्द 'ग्रेस' को लेकर भीषण ऊहापोह रही कुछ दिनों। बहुत से मित्रों से मदद माँगी। शब्दकोशों ने और-और भूल-भुलैयों में ला पटका। आख़िरकार मित्र असद ज़ैदी ने अपनी नानी को याद करते हुए सन्देश भेजा : "एक बड़ा पुराना देसी शब्द है, अब →

जो बाघ में और मृग में अलग-अलग रूप धरती है—उसका उद्गम स्वयं और आसपास के संसार के अचूक, स्पष्ट बोध और अपनी सम्भावनाओं के सही आकलन और उनके भरपूर उपयोग से ही होता है। सुन्दराई सूक्ष्मता के सुयोग से ही उन्नत हो सकती है, ताक़त की मानिन्द नहीं, जिसकी वृद्धि की कोई सीमा तय नहीं है। सुन्दराई ताक़त के साथ दानिशमन्दी का सुमेल है, कम के साथ गुज़ारा करने का हुनर, जो एकदम ज़रूरी है उसे पहचानने की क़ाबिलियत, और जो फ़िज़ूल है उसे तजने की दिलेरी। विश्वास करने से सौम्यता पैदा होती है और विश्वास कई रूप धारण करता है। कोई बच्चा सहज ही विश्वास करता है—जब तक कि उसे निराशा का अनुभव नहीं होता। इसके बरअक्स विमानचालक अपने तजुर्बे की बदौलत भरोसा कर पाता है, और नियंत्रण कर पाने से। प्रेमी भरोसा करता है—आस्थावान होता है, उम्मीद करता है, प्रेम करता है—बावजूद सबके और जोखिम उठाता है। प्रेम भय को अन्धा कर देता है, जैसे कि भय प्रेम को अन्धा कर सकता है; वे एक-दूसरे को धकेलकर परे कर देते हैं। प्रेमी का सहज विश्वास और स्वयं को पूर्णतया निष्कवच कर लेने की प्रक्रिया—मनुष्यता की सबसे विराट अभिव्यक्ति है। प्रेम से सौम्यता और सुन्दराई उत्पन्न होती हैं—संसार में अपनी जगह का बोध, निज की भंगुरता का एहसास—फिर भी कुछ कर गुज़रने की तत्परता, या रचनात्मकता के प्रति सम्पूर्ण समर्पण।

मेरी चुनिन्दा कविताओं के पहले संकलन का शीर्षक था *इनायत के दिन*। अंग्रेज़ी के शब्द 'ग्रेस' का क़ानूनी अर्थ है मृत्युदंड सुनाए जाने के बाद उसके क्रियान्वयन तक की अवधि। सम्पूर्ण मानव-जीवन को ही इनायत के दिन या अनुग्रह-अवधि मानकर चला जा सकता है—मृत्यु का बोध तो रहे, लेकिन किस घड़ी आएगी इसका पूर्वज्ञान न हो। प्रेम से जन्मे हम लोग, प्रेम के लिए जन्मते हैं; वह समय जिसकी अवधि को हम नहीं जान सकते, हालाँकि जिसकी गहराई का एहसास हमें रहता है, हमें प्रेम को अनुभव करने के लायक़ बनाता है, नेकी करने को उत्प्रेरित करता है, हमारे लिए किसी

→ शायद नहीं चलता—सुन्दराई। नानी इस्तेमाल किया करती थी! मसलन, 'बशीरन की छोरी में जो सुन्दराई है वो इन कमबख़्तों में (यानी मेरी बहनों में) कहाँ!' उसका आशय सलीके या ग्रेस से होता था।" —तेजी ग्रोवर

भी क्षण क्या सबसे अहम और मूल्यवान है, कम-से-कम उसे पाने के लिए संघर्ष करने का अवसर देता है।

अपने जीवन के अन्तिम चरण में जब मेरे पिता अपनी दोनों टाँगों और अपने दाएँ हाथ की हरक़त को खो चुके थे, उन्होंने अपने पियानो के ढाँचे को अपने बाँएँ हाथ से दोबारा खड़ा किया। रात के समय असह्य आभासी पीड़ा से त्रस्त, जो उन्हें सोने नहीं देती थी, उन्होंने सम्भवतः अपने जीवन की सर्वश्रेष्ठ सांगीतिक कृतियों को अंजाम दिया। दिन के समय वे अपने फ़्लैट की खिड़की से अन्तहीन तस्वीरें खींचते रहा करते थे। मेरे पिता के लिए छोटे से छोटा बदलाव—सामने वाले घर की बालकनी में चढ़ाई गई बच्चों की प्राम, उड़कर जाती हुई चिड़िया, बरसात की झड़ी—सब का सब दर्ज करने लायक़ था। बहुत वर्ष बाद ही मुझे सूझ पाया कि ये असंख्य और बार-बार दोहराई जा रही तस्वीरें मेरे बचपन के गत्ते के टुकड़े के साथ संगत में थीं। जब स्पेस का अन्त हो जाता है, समय फैल जाता है, विस्तार पा लेता है।

अपने पिता की मृत्यु-शैया के पास खड़े उनका हाथ थामे, जिस्म को छोड़ती हुई रूह को मैंने महसूस किया था। उनकी आँखें अधखुली थीं और उनके अन्तिम शब्द थे : "ऊपर...ऊपर..." और फिर, अभी तक अनुमान लगाती हुई, मैं समझ गई : जब समय का अन्त होता है, स्पेस फैल जाती है।

—डोरिस कारेवा

•

मेरे पिता के पियानो पर

शल्य-क्षुरिका और ताल-घड़ी
परस्पर मौन का निर्वाह करते थे,
जब मैं बच्ची थी।

सिर्फ़ अब समय के साथ,
मैंने शुरू किया है सुनना,
समझना
उनकी विचित्र कहानियों को।

वे झीना तराश देते हैं समय को।

•

जब मृत्यु का भय इतना बढ़ जाता है
कि बचाव का कोई रास्ता नहीं,
हम उसका अभिवादन करने लपकते हैं।

तभी हम अँधेरी खाई में छलाँग लगाते हैं,
सिर झोंक देते हैं अवन में,
आईने से टकराकर पार होते हैं

अपनी-अपनी तरह से।

सबसे ख़तरनाक
गुरुत्वाकर्षण है भय।

•

घड़ी चलती है
घर के अन्दर चहुँ ओर
और समय-समय पर रुकती है
सोने वाले के पैताने पर।

मैं बन्द रखती हूँ अपनी आँखें,
और साँस नहीं लेती।
उसके हाथ पैने हो सकते हैं।

जैसा कि साबित कर देगा
किसी भी नाना-नानी का चेहरा।

•

मनुष्य, तुम अपना एक कच्चा मसौदा भर हो—
अपने हृदय के ग़ुलाम, अपने कर्मों के स्वामी।

जब बोल चुकेंगे शर्म, पीड़ा और भय,
जो अभी तक अनाम है, उसका भी एक स्वर होगा—
वह जो व्यक्ति को रचता है।

लेकिन वह बोलेगा नहीं।

•

जो कुछ भी तुम्हें चाहिए
वह आवरण में चला आएगा तुम्हारे पास,
एक या फिर दूसरे भेस में।
जब तुम पहचान लोगे उसे,
वह तुम्हारा हो जाएगा।

जो कुछ भी तुम्हें चाहिए वह चला आएगा तुम्हारे पास,
तुम्हें पहचान लेगा, तुम्हारा अंश बन जाएगा।
साँस लो, दस तक गिनो।

क़ीमत बाद में बताई जाएगी।

•

मृत्यु की घड़ी में रेंग जाने की एक जगह
लगातार हरकत की बेतरतीबी,
कायनात की धूल में सनी हुई।

एक बिखराव,
सूटकेसों का गड्डमड्ड ढेर।
भाव का विरेचन नहीं, सर्वनाश।

कोई पुरातत्त्ववेत्ता ही
खोद पाएगा यहाँ
हृदय की प्राचीन प्रतिष्ठा को।

कोई दार्शनिक ही यहाँ
पिएगा कुछ मौन में।

•

तीन सेकेंड के भीतर एक कुत्ता
कारण को परिणाम से जोड़ पाएगा।
कुत्ते का दिमाग़ कुत्ते के समय से चलता है।

और हमारा आइन्स्टाइन के समय से?

•

इतनी शिद्दत से
घृणा करता था वह ख़ुद से,
कि उन सबको प्रताड़ित करता था
जो उससे प्रेम करते थे।

यह ढंग था उसका
गहरे में चाकू घुमाने का।
यह ढंग था उसका
और ज़्यादा की माँग करने का।

•

मैं वसन्त में रहती हूँ, जबकि मेरे चहुँ ओर जाड़ा है।
जब ग्रीष्म आता है, मेरे भीतर पतझड़ रहता है।

मैं ग़लत रास्ते पर हूँ, अपने असमंजस में
पता नहीं चलता मुझे कि कब गाना है
और क्यों।

नष्ट हो चुका है मेरा घोंसला, मेरे चूज़े
बड़ी-सी दुनिया में उड़ान भर चुके हैं।

मेरे सिर में पिंजरा और पलायन घूमते हैं,
मेरे सीने से एक गीत फूट पड़ता है।

•

हृदय लिखता है। हाथ शब्दों के चित्र बनाता है।
हाथ थकता है। थकता नहीं है हृदय।
जब तक जीवित हो तुम, सुनना चाहिए तुम्हें
मर्म क्या कहता है :

यह किसी जीव की पीड़ा और पागलपन है
धोखाधड़ी और अपमान के विरुद्ध—
किसी जीव की हस्ती का बोझ है यह
समर्पण से लबालब भरा हुआ।

हाथ लिखता है। हृदय जानता है।
हृदय ख़ामोश है और प्रेम करता है।
वह जो कहता है कविता में,
मुग्ध कर लेता है और चौंधिया देता है।

•

भूल-भुलैया में से गुज़रते हुए
कुछ भी नहीं है मेरे पास—इसलिए
मैं चीथड़े करती हूँ ख़ुद के,
चिह्नित करने वे मोड़ जो मुड़े जा चुके हैं,
लौटने का रास्ता खोजने।

•

तुम्हारी तस्वीर अपने पर्स में नहीं रखती मैं;
वह यूँ भी मेरी पलकों के नीचे जलती है।
हर मुखाकृति, भंगिमा, स्वर-कम्पन,
मेरे अनचाहे ही, उकेरा जा चुका है—

एकदम स्पष्ट, तुम्हारी पीठ, जब तुम गए थे
उस मई में जिसका खुलासा नहीं किया जा सकता,
उस क्रूर सर्दी में,
जैसा संकेत दिया था मैंने—

अँधेरे में, बाईं ओर।

•

ढाई क्षण के लिए मैंने तुम्हें देखा
ढाई वर्ष के बाद।
आँख की वह झपक मेरी नज़र में सुलगती है,
जानलेवा, एक बार फिर।
बिजली की कौंध, भूचाल, और सैलाब एक साथ
एक ही क्षण।

मैं हलो तक नहीं कह पाई।

तुम्हारी विचित्र उदास दीप्ति
चमकती तलवार-सी भेदती है मुझे।
दुनिया,
दुनिया तो पास से गुज़र जाती है बस।

•

मैं बुढ़ापे का पूर्वाभ्यास कर रही हूँ, अकेलेपन,
ग़रीबी, बहिष्कृत किए जाने का,
मुफ़लिसी, और न होने का पूर्वाभ्यास।
मैं अन्धेपन का पूर्वाभ्यास कर रही हूँ,
अन्त के अन्त का। आख़िरकार
किसी भी चीज़ का भय नहीं रहता।

भय, मत खरोंचो मेरी रातों को
अपने सपनों जैसा बनाने उन्हें।
दुख के अनुभव, सोने की धातु को बह जाने दो
हस्ती की नदी से।

•

अन्त में, उम्मीद
इन्द्रियों का मीनपंख होती है।

कोई प्रयोजन चाहिए,
कोई अन्त,
शुरू करने की कोई वजह।

कोई अन्त नहीं है।

हर चीज़ में गुम्फित हो तुम,
मुक्ति का सहज-बोध।

ग़ौर करो जागृति पर,
तैरती हुई नींद पर।

•

जो रोशनी में रहता है बुढ़ाता नहीं।
जो ब्रह्मांड का होता है
सबसे साझा करता है,
क्षरित नहीं होता।

वह उस शिला जैसा है जो स्वयं को
लहरों में घुलने देती है।
वह उस दर्पण जैसा है
जिस पर सूर्य चमकता है :

रोशनी जो छाया नहीं छोड़ती,
आग जो जलाती नहीं।

•

तुम्हारा सबसे नाज़ुक अंग मुझमें पनाह
लेता है, तुम्हारा सबसे मज़बूत मुझे घेरे हुए,
हम एक ही जिस्म में समाए हैं,
जहाँ रूह और सत्त्व नाचते हैं।

हम संसार की थकान से उबरते हैं,
असुरक्षा की पीड़ा से—
हर सुबह को पहली की तरह थामते हुए,
अन्तिम मानते हुए हर रात को।

•

फिर ले चल मुझे, सूर्य
वसन्त-भीरु मेरे जिस्म को,
जो कब से सर्द है—
जब से तुम गए हो
उफ़ुक़ के पार।

कुछ भी नया नहीं है यहाँ—
जाड़े में भेड़िए,
गर्मियों में मच्छर—
और दुनिया के तटों पर,
भटकती, पगलाई-सी,
दुल्हन कोई डूबे हुए नाविक की।

•

रेगिस्तानी कुत्ते मेरे सपनों में भागते हैं,
फुर्तीले, चुस्त और ख़ामोश,
ख़ुदा की हवा की तरह;
ख़ूबसूरत और राजसी, रात-दर-रात
अ-वश्य वे भागते हैं।

मैं सूँघती हूँ, स्वाभाविक है मैं सूँघती हूँ :
मेरा हृदय उनका आखेट है।

कैसे तृप्त होती कभी
अगर थकने तक नहीं भागती मैं;
रात-दर-रात नहीं भागती, दौड़ नहीं लगाती
मायावी, अजनबी
रेगिस्तानी कुत्तों के संग।

•

सुनहरी, काली, पंखीली पूँछ,
रेशम कान, मख़मल आँखें,
प्यारे सलूकी पिल्ले, तुम, जो,
पारसी तकियों पर अलसाते हुए,
परमानन्द और रहस्यवाद चबा रहे हो,
क्या,
तुमसे क्या कह सकती हूँ मैं?

रूमी के हवाले से :
रूह इल्म हासिल करती है किसी अन्य रूह से,
किताबों और भाषा से नहीं।

•

जो कुछ भी है वह किसी और भाषा में
व्यक्त किया जा सकता है,
जिसे हम जन्म के समय भूल जाते हैं।

कभी-कभी कुछ शब्द फिर भी लौट आते हैं—
जैसे समुद्र-तट पर चलते समय
बिना किसी विचार के, बिना कोई परवाह किए,
बिना एक फूटी कौड़ी के...

कंकर, धीमे से, बोल देते हैं उसे,
लेकिन उच्चारण-दोष के बिना।

•

मैं घंटों-घंटों तक सुनती हूँ
समुद्र के एकमात्र वाक्य को,
अचरज करती हूँ
कैसे लिखा जाए उसे।

•

मैं समुद्र-तट पर चलती रही
बहुत देर तक, ज़मीन से
कुछ-न-कुछ उठाती हुई।

घर आकर मैंने झोले को ख़ाली किया :
ग्यारह कंकर और एक कविता
पक्षी-विष्ठा में सनी हुई।

•

जीवन की जीवन्त अभिव्यक्ति हिलोरें लेती है
लगातार, विवेक-शून्य,
स्वच्छन्द, अर्थच्छाया के बाहुल्य से,
मौन और एकदम विराट।

टेढ़ा काम है रेखांकित करना
कहाँ से शुरू होती है कला।
लहरों का पाठक तब भी जोखिम उठाता है
समुद्र को खो देने का।

•

पाठक कविता पर अपनी छाया फेंकता है।

तुमने असल में क्या कहा था : कलश यहाँ है
या कि *आकाश नीला है?*
सभी सम्भावनाएँ फूलती हैं भाषा में,
मन वही सुनता है जो वह सुनना चाहता है,
या जिससे वह डरता है।

बहरा आदमी विलाप करता है।

कलश यहाँ है और *आकाश नीला है*
कुछ मामलों में एक ही चीज़ हैं।

कुछ मामलों में और कुछ लोगों में
पहेली बूझी जा सकती है,
जवाब चिंगारी होता है।

चिंगारी उन्हें क़रीब लाती है।
उसी से फ़र्क़ पड़ता है।

•

तुम्हारी अग्निधूम्र आँखों की चिंगारियों ने
कमरे को घंटों, हफ़्तों, महीनों तक गर्म रक्खा।

मैंने उस एहसास को पहचाना : वह दमक।
मैंने उस एहसास को पहचाना।

हालाँकि
यह दूसरे समय में, दूसरी फ़िल्म में हुआ था,

जब तुमने जन्नत के वृक्षों की तस्वीरें ली थीं
और मैंने पक्षियों से बातें की थीं।

हम दोनों ने वहाँ कुछ भी नहीं चखा था,
या कि चखा था हमने?

•

रातें अपने-आप को सुबहों में लिख देती हैं,
क्योंकि शामें ख़त्म नहीं होतीं,
रोशनी मद्धिम नहीं पड़ती,
विचार भावना है।

मैं स्वप्न-दर-स्वप्न चकित होती हूँ—
क्योंकि ऐसा कुछ भी जिसका अर्थ है
उसका नाम नहीं है।

नया हर वक़्त अटल रहता है।

चौंधियाती रात, तुम्हारी वजह से
दिन अब ठोकर खा रहा है; अन्धा,
ठीक ईडिपस की तरह।

•

तीन पक्षों वाला काँच-घर : एक पक्ष
पानी है। एक आग है। एक रात है, जहाँ
प्रागैतिहासिक और बहिष्कृत प्राणी रहते हैं—
व्यग्र, निर्लज्ज और उत्कृष्ट,
मांस-भक्षी फूल, व तितली-श्वान सा।

•

कटु और क्षीण है उत्तरी रोशनी।
यहाँ स्लेज्ज को भारी छायाएँ खींचती हैं।
उल्लू और भेड़िये नज़र रखते हैं।
एक शब्द चरमराता है दाँतों के बीच।

मुझे नहीं पता, मुझे नहीं पता यहाँ कैसे होना है,
मैं इतिहास से ठंडा गई हूँ।
सभी सीमाएँ पिंजरे हैं,
सभी कथाएँ तालों के पीछे।

जो मैं कह रही हूँ, वह
नृत्य है धूल के एक कण का
अप्रमेय सूर्य में।

•

जीवन एक चीज़ सिखाता है और एक अन्य,
परन्तु तीसरी का अनुभव कैसे करें?

विचार वहाँ नहीं पहुँचता,
सड़क वहाँ ले जाती नहीं।

मन के दर्पण की विशुद्धता में
घट सकता है यह।
वसन्त में बिजली की तरह
स्पष्टता कौंधती है :

अब यह यह है।

•

जिसने एक बार भी सत्य के सौन्दर्य को जाना है,
एक तीर सीधे छोड़ा है
संसार के हृदय में,
जो ज़िन्दा रस टपकाता है
उसकी आत्मा और उसके होंठों में।

•

मैं नहीं जानती कि सभी सड़कें सत्य की ओर ले जाती हैं,
परन्तु हर सत्य एक सड़क है।
समुद्र नमकीन है
नदियों के प्रसन्न आँसुओं से,
जब वे मिलती हैं।

उस प्रलयकारी जल में
मैं अपने सारे भ्रम फेंक देती हूँ,
समय के बचे हुए स्वच्छ पानी में—
सुनहरे शहद में काली मिर्च।

अचानक सब हल्का है। अचानक सब स्पष्ट है।
हर चीज़ निश्चल है और अलग है।

•

कल मेरा मन समुद्र जैसा था—
एक दर्पण जैसा साफ़। लगभग अदृश्य था
संसार का तल।

आज मेरा मन समुद्र जैसा है—
झंझाकुल और दौड़ता हुआ; मनविहीन,
कहीं भी पहुँच नहीं पा रहा।

•

दुनिया मुड़ती है और रास्ता बदलती है, जब तक
यह लगने लगता है कि कोई भी हिस्सा
किसी दूसरे को अब समझ नहीं पा रहा।

हर किसी का अपना स्वप्न होता है।

फिर भी वह चमकता है। सूर्य।
और हर चीज़ हरेक के माध्यम से।

ऐसा लगता है कि तल सही है।

ऐसा लगता है कि कुछ भी
उतना कठिन नहीं
जितना कि वह लगता है।

•

ऐसा लगता है कि वह घड़ी आएगी
जब ज़रूरी होगा
किसी चीज़ को पहचानना,
किसी चीज़ को बदलना—
ख़ासकर अपने-आप में,
कुछ करना
ताकि ज़मीन पर रोशनी हो।

पुकार

हाँ,
आरम्भ में शब्द था।

मैंने सुना और नींद से उठ बैठी मैं
अभी तक सपनों से स्तम्भित।
उस झुटपुटे में मैंने देखा
अपने पलंग के किनारे
एक फ़रिश्ते को।

वह नि:शब्द निहार रहा था मुझे—
ठीक से मालूम नहीं था क्यों।

गहरी छाई हुई थी वह निहार।

मैंने पाया कि एक नया और निस्पन्द सत्त्व
मेरे विचलित मन को थाम रहा था।

कई युगों का आभास हुआ मुझे,
संसार की नियति का—
बेचैनी की कोई अनुभूति नहीं,
बस एक अन्तर्दृष्टि, शान्त और तत्पर—
प्रेम का विवेक।

फिर उसने मुझे आँखों पर चूम लिया।
होंठों का सूक्ष्म स्पर्श
और परम आनन्द—अपूर्व दिव्याशीष!—
अभी क्या मालूम था कि कितनी संजीदा थी
वह यात्रा
जिसका वरदान मिल गया था मुझे।

•

हर दिन
हर रात
कोई आता है,
झुलसी हुई आँखें लिये।

एक शब्द तक नहीं
उसने क्या देखा था
उस लोक में
जहाँ जीवन था।

•

अगर आप एक ही बार बोलें,
तो इतना बड़ा होता है दायित्व
कि लगता नहीं एक भी शब्द
कहने लायक़ है।

अगर एक ही बार जियें,
तो इतनी बड़ी सम्भावना
कि आप ठिठुर जाते हैं
और निःशब्द बीत जाने देते हैं उसे।

•

अगर मैं इसे बोलती नहीं,
मैं मर जाऊँगी नि:शब्द।

अगर व्यक्त करती हूँ,
तो यह मार देगा मुझे।

क्या—आख़िर—क्या करूँ मैं?

•

एक रात-उजले कमरे में हवा खिलती है।
दबी आवाज़ में, आँखें मुँदी हुईं,
वे बातचीत करते हैं—दो फ़रिश्ते—
एक कौंधती तलवार के ऊपर।

दर्पण-भाषा,
अविचल छितराया हुआ मौन,
अडिग
जीव-विकास।

•

अँधेरे में एक पंजा बढ़ता है,
बहाव को टटोलता है।
कहना मुश्किल है
क्या लिपटा आएगा चाहना के संग।

कच्चे, खुरदरी धार वाले शब्द, सूक्ष्म
और खरे, रूखे, अनुवाद से परे,
मेज़ से शहतीरों तक।

पड़े रहो वहीं, नि:शब्द,
अँधेरे का रक्त-थूक निगलते हुए।

•

मेरे केश लम्बे होकर छत से निकल आते हैं
और उलझ जाते हैं तैरते हुए बादलों से

और जो हो गुज़रता है उन पर
मैं देख नहीं सकती
न जुर्रत करती हूँ पूछने की

क्योंकि वहाँ ऊपर प्रकाश है
और ज़र्द उद्दीप्त चेहरे
नज़ाकत से तैर जाते हुए

और यहाँ नीचे हैं
गुबरैले, कीट-डिम्भ और घोंघे
और मेरे कपोल पर छाई हुई मिट्टी।

•

मैं पुकारती हूँ तुम्हें और लगता है कि तुम मुझे।
लेकिन मैं सुन नहीं पाती क्या वाक़ई ऐसा है।
ऐसी खाइयाँ हैं जिनके ऊपर से कोई चिड़िया
नहीं उड़ती। और ख़ामोशी किसी दीवार की तरह।

ऐसे छायाभास जिनसे काँप उठती है आत्मा।

•

नहीं, यह रोशनी मिट नहीं जाएगी
                    स्मृति से।
उस मार्च का विचार तक त्रस्त है।

कितना दर्दनाक था सुबह के आकाश का बढ़ता हुआ उजास!
कितने सजग थे सोच के उठते हुए ज्वार!

बस अगर ख़ुद से कोई कम झूठ बोले।
बस अगर।

कैसा आवेग होगा वह।

•

जीवन के बीचों-बीच मृत्यु का एक पत्थर उड़ता है,
जो पानी को एक वृत्त में चौंका देता है।
दिनों-दिन पहले से ज़्यादा गहराई और स्पष्टता में
मैंने तुम्हें देखा है।

तुम—उससे भी ज़्यादा मैं जितनी मैं ख़ुद हूँ।
मानवीय, उद्दीप्त और सहोदर आत्मा।
मृत्यु की चकाचौंध में से गुज़रते हुए
मैंने महसूस किया है तुम्हें।

•

जीवन की कोई कहानी नहीं है,
जीवन खुलना है।

क्या यह सच है कि वह सब मिल जाता है
जो हम चाहते हैं?

क्या यह सच है कि वह सब मिल जाता है
जिसके हम पात्र हैं?

क्या यह सच है कि उस सब में उलझ जाते हैं
जिससे बचते आए हैं हम?

समय, तुम भागती
और दूर की कौड़ी भर हो—

जीवन कोई कहानी नहीं,
उम्मीद है और तराश है।

•

जब मैं लिखती हूँ,
मैं बेपरवाह लफ़्ज़ों को हाँक देती हूँ
ख़ामोशी के दर्रे की
क़रीब-क़रीब नामुमकिन ढलान पर।

जब मैं लिखती हूँ,
अभ्यास करती हूँ
छायाओं को साधने का
ठंडी कलाई और ख़ंजर से
अन्तिम अँधेरे की कगार पर।

जब मैं लिखती हूँ,
एकदम अनिष्ट भाषा लिखती हूँ;
मेरा परम भोज है उपासे रहना,
जन्नत को उधेड़ देना सिरे से।

•

कोई विस्फोट हुआ : बम्ब था
या कोई कविता?

दुनिया सरक गई—
कुछ भी पहले जैसा नहीं रहा।

बदल गया, वह जो जड़ था
परम आनन्द में।

ऐसी ही रौ में
यक़ीन करो ख़ून में।

वही
आला दर्जे का उस्ताद है।

•

ईश्वर घटित होता है।

तितली के पंख पर
संसार का चित्राक्षर।

•

ज़्यादा साफ़ जीवन जीने को
मैं भाषा और स्वप्न की
गहराइयों में उतर जाती हूँ,
सोचती हूँ वहाँ मिल जाएगा मुझे
ईश्वरीय ज्ञान।

जो भी हो,
राज़ वही है :
पकड़ो यूँ कि छोड़ सको।

•

कुछ नहीं हो रहा। सिर्फ़ सितारे घूमते हैं
और संसार रचे जा रहे हैं, गिरते, क्षणांश में टिमकते।
उनकी काँपती धूल, मेरी पलकों पर हल्की लदी है,
उसे बचपन के सुदूर एक झकोरे-सा महसूस करती हूँ, जब
बस पता था मुझे : हाँ, यह होगा।

(ख़ुदा, या ख़ुदा!)

बाल की जड़ से पाँव के तलुवे तक—
एक तड़ित आघात भेद देता है, और अवाक् तुम घूम जाते हो,
कायनात के एकान्त में, खोखलेपन और सम्पूर्णता, निस्सीम अस्तित्व के बीच
अमर्त्य प्रश्न उठाते हुए।

दबे-सुर नि:श्वास, कर्कश पुकारें, बड़बड़ाहट की चिन्दियाँ
जो सुदूर संसार के शोरोगुल में तुम्हें सुनती प्रतीत होती हैं—
छायाएँ, सिहरनें, मनभावन वस्तुओं के अवशेष, चीज़ों से साक्षात्कार—
हालाँकि कुछ नहीं हो रहा।
तुम्हारी पिघली हुई आन्त्राग्नि, द्रवित होता द्रुतपुंज
गीत-सी किसी पंक्ति में रूढ़ होने से बरज देता है।

कुछ नहीं हो रहा

सिर्फ़ सितारे घूमते हैं;
मेरा हृदय लावणी और स्फटिक, सूना और सच धड़कता है।

संसार, जाने दो मुझे।

संसार, हाँ : चुक गई हूँ मैं।
कुछ नहीं हो रहा।
सिर्फ़ सितारे घूमते हैं
कायनात के एकान्त में, खोखलेपन और सम्पूर्णता, निस्सीम अस्तित्व
के बीच

अमर्त्य प्रश्न उठाते हुए...

•

अपना भारीपन अब तज रही हूँ मैं
पृथ्वी, ले लो इसे और उठा लो
जैसे कभी माँ उठाती थी मुझे।

अपनी चाहत अब तज रही हूँ मैं
ले लो इसे और घुमा डालो पवन,
जैसे मेरे पिता घुमाते थे मुझे।

अपना भय अब तज रही हूँ मैं
जिसे चाहिए ले ले इसे,
अब और नहीं डर रही हूँ मैं।

•

विशुद्ध अच्छाई तेज़ाब-सी जलाती है,
दाग़ता हुआ स्पर्श।
आत्मा कोमल रहती है—सहने का कोई अन्त नहीं।
एक बार महसूस किया, पोषित रहा
सदैव।

दिन की लम्बाई शाम का फल

वह जिसने सब दे दिया हो—
उसे किस चीज़ की कमी होगी
भला?

शब्द लौट आते हैं।

•

बादलों का रेत के नाम ख़त :
छायाएँ
धीरे-धीरे
ग़ायब हो जाती हैं।

हमारे दूसरी ओर
दिन बना हुआ है।

•

समुद्र के किनारे एक घर
सदा उस जहाज़ की तरह महसूस करता है
जो अभी-अभी किनारे लगा हो।

हर रात वह घूमता है
अन्तहीन समुद्रों,
युगों और प्रदेशों में।

चहुँ ओर भटकते हुए सितारे हैं,
दूर अन्दर एक चूल्हा रोता है
जिसे कोई नहीं जलाएगा।

जैसे एक कुत्ता अपने मालिक के लिए रोता है,
उसी तरह समुद्र के किनारे वाला घर
अपने कप्तान के लिए तड़पता है।

•

जिस घर के सामने से मैं गुज़र रही थी,
घंटी बज रही थी फ़ोन की।
कोई उठा नहीं रहा था।

तब भी, पहचान लिया मैंने उसकी आवाज़ को
चिरकाल से बिछड़ा मेरा वह प्रेमी।
और भला कैसे
मुख़ातिब होता मुझसे, यहाँ, इस परदेसी शहर में,
और भला किस तरह वह छू सकता था मुझे
उस हाथ से जो मैं कभी भूल नहीं पाई?

फव्वारे की बौछार
मेरे नग्न कन्धों पर,
और सूनी गलियों में उड़ती थी
एक मुस्कराहट—एक तितली।

मैं एक साथ बहुत-सी दुनियाओं में थी,
कई युगों में
भीतर तक अकेली।

मृत्यु तो दिन गिनती थी,
लेकिन प्रार्थना कर रहा था प्रेम।

•

प्रेम
तेज़ी से बदलती राहों पर चलता है,
फिर भी उसकी आत्मा
लगभग हर चीज़ में
स्वप्न में डूबी हुई-सी लगती है
जिसे तुम छूते हो।

धीमे से
नन्हा बीज
आकाश की ओर खुलता है,
उसका चेहरा
सूरज के सम्मोहन में बँधा हुआ

सारी प्रवृत्तियों में
यह सबसे गहरी लगती है।

•

तुम कोई चमत्कार नहीं रहे
मेरे लिए। मैंने बूझ
लिया था तुम्हें।

स्पष्टता की वह झलक
वह पारलौकिक उजास
कभी तुम्हें छोड़ता नहीं।

कैसा लगता है तुम होना?

कैसा लगता है एक फूल होना,
पेड़, आकाश?
कैसा लगता है कोई सोच होना?

•

रात की कॉफ़ी में
दिन शक्कर की तरह घुल जाते हैं।

ओह कितने स्वादिष्ट,
म्म्म, मोहक, और भी मोहक।

ॐ, मंत्रमुग्ध कम्पन
ब्रह्मांड के गुम्बदी मृदंग से।

•

कोई कुछ भी नहीं करेगा।
सिर्फ़ मरमराहट। जिस्म के रास्ते
सृष्टि फहराती है, कान्तिमय,
भावपूर्ण।

सोच की मादक सुगन्ध,
एक प्राचीन अस्थि-कलश प्रस्तुत है स्पर्श को।
ठुकरा नहीं दी जाएगी कोई भी इच्छा,
कोई हैरत समझी नहीं जाएगी पहुँच से परे।

•

पुस्तक-प्रेमी के सँजोए किसी ग्रन्थ-सा
तुम खोलते हो मुझे,
पढ़ते, पन्ने फड़फड़ाते और पढ़ते,
और कितना सुख, कितना ग़ुरूर होता है मुझे।

मैं तुम्हें ज़बानी याद हूँ—
तो तुम बस चखते हो
बहुत धीमे-धीमे, एक-एक कर
मेरे सबसे मृदु शब्द।

अगर यह कविता नहीं है,
फिर मैं नहीं जानती और क्या है।

•

यदि पतझड़ को अन्तिम क्षण तक
सहा जाए,
तब वसन्त आएगा मुझे विश्वास है।

वृक्ष जो अभी हमारी उदासी पर
नज़र रख रहे हैं, फिर खुल जाएँगे
उजाले के चमत्कार के लिए।

वहाँ, उन बड़ी पत्तियों के नीचे
हम मिलेंगे,
मेरे प्रिय।

•

मैंने सपने में देखा संसार को।
विक्षिप्त,
मुझे घेर लेना चाहता था वह, मेरी कल्पना के तटों से
एकाकार।
नहीं,
मैंने हौले-से कहा : नहीं, मुझे किसी अन्य चीज़ की तलाश है—
मैं अप्रत्याशित को ढूँढती हूँ,
सृष्टि-सा ही अन्तहीन—
एक नवीन
उमंग-भरा पिघला हुआ सत्त्व।

संसार, ओह संसार, कुछ अधिक हो जाओ!
मैंने याचना की।

यूँ पैदा हुआ वह;
वह उत्तर जो माँगा था मैंने
उसने ध्वस्त कर दिया मुझे;
उस रोशनी ने सोख ली मेरी बीनाई,
संसार की आधारशिला से एक विस्फोट हुआ
और मेरी उम्मीद उघड़ गई पर्त-दर-पर्त,
मुझे ख़ाक करती हुई, उसने बदल दिया मुझे
पहचान से परे।

ईश्वर की बिसराई, काँपती और नग्न,
मैं जग गई—
तारों की बारिश से रूबरू।

शर्मीली चाहत में मैंने अपना हाथ पसारा।
और ज़ोर से हँस दी मैं,
थाम लेने
संसार के स्वप्न को—
प्रेम का स्वप्न;
एक स्वप्न।

•

मैंने सपने में देखा कि शैतान
तुम्हारे स्वर में बोल रहा था।
धीरे-धीरे सब कुछ ढह रहा था।
उसने मुझे काँच का एक पात्र दिया
और कहा, "देखो,
यह मृत्यु है।"

•

दुनिया सुख और दुख है?
दुनिया विचार?

तुम्हारी गुनगुनी हथेली पर टूटी हुई बिजली की तार,
तड़पती हुई नग्न विद्युत् : फ़ैसला करो!
हाथ पर पसरी हुई छाया।

किसी अँगूठी के बीजाक्षर छिपाकर रखते हैं
पैग़ाम और तरक़ीब को।

तुम पीड़ा और करुणा व्यक्त करते हो
और तुम्हारी आँखों से रोशनी छलकती है।

दुनिया की बुनावट उस साँप को दाग़ती है
जो अपनी पूँछ को कुतर रहा है।

जितने भी सत्त्व हैं, अर्क हैं जितने भी,
अस्तित्व की सनकी पहेलियाँ
प्रकट होती हैं उनके बीच।

तुम्हारे भाल पर अन्तहीन-बिम्ब धारण किये
उद्दीप्त एक स्फटिक—

जो कभी ज़र्द नहीं पड़ता।

•

मैं दुनिया को देखने निकल गई।

कैसी तो गन्ध थी,
कैसी हरकत थी, कैसे गुनगुना रही थी वह!
ख़ून बज रहा था मेरी बाँह में—छरहरा,
नस-नीला और मन्थर—
बजने लगा ख़ून और अँधेरे का सैलाब
और पसर गया हर रोशन कक्ष में!

मैं फिर अकेली हूँ।
मेरी उदासी
नुकीली, सतर्क और निष्ठुर है।

•

अब आ गया वह; जिसे आप पतझड़ कहते हैं।
हवा काँच के मन्दिरों से भर जाती है, नि:शब्द थरथराहट किसी सुर की।
मेरे कमरे में एक काला सारस खड़ा है।
एक पंखा कहीं और से लाता है, श्वास भीतर और बाहर।
शामें अन्यमनस्क बीत जाती हैं। मैं अपनी किताब से शायद ही हटती हूँ।
ऐसा कोई शहद नहीं जिसका स्वाद तुम जैसा हो,
न कोई सोच ऐसी विशुद्ध।

लिपि जोड़ लेती है मेरे भाल पर
तलवार का चिह्न।

प्रशान्त, सुस्पष्ट और सुनहली है सपनों की भव्य आवाज़।
मैं महसूस करती हूँ उसे, बिना देखे।
जबकि पतझड़ द्वारा भीतर-बाहर देख ली जाती हूँ मैं।

ख़ाली काँच-मन्दिरों से
काला सारस उड़ जाता है हवा में।
पंख फड़फड़ाते हैं, खुली किताब के पन्ने, पंखे का स्पन्दन,
जीवित श्वास, सुर की मद्धिम थरथराहट।
ऐसा कोई शहद नहीं, कोई सोच जो तुम जैसी विशुद्ध हो।
तुम्हें मालूम है
यह संसार एक पल की शान्ति से अधिक बच नहीं पाता।

•

सितम्बर में सब इतना साफ़ दिखता है—
तब भी तमाम गिरते हुए तारों में
कोई एक भी नहीं तुम्हारी अंजुलि में।

वे उद्गम-जल में झलकते हैं
नमक के कणों
या ईश्वर के बहते आँसुओं की तरह।
अपने हाथों को जोड़ लें,
तो भीतर हथेलियाँ समोये रहती हैं
ज़ायका
संसार की सुबह का।

•

बर्फ़ एक ख़ाली पन्ना है।
नीचे
गूढ़लेख अदृश्य चमकते हैं—
वसन्त का एकल तुरही-वादन,
ग्रीष्म की जाफ़रानी झलक।

बर्फ़ एक ख़ाली पन्ना है।
मत लिखो
कोई भी एक नाम;
सितारों को झलक जाने दो
असंख्य स्फटिकों में।

हर फाहा एक सितारा है,
एकदम नायाब
अपने मामूलीपन में—
सब घुल जाता है।

बर्फ़ एक ख़ाली पन्ना है
और सुकून—
भाषा का मौन,
अर्थ से लरज़ता हुआ।

•

भयभीत न हों, न चिन्तित,
न ही कोई भंगिमा इख़्तियार करें।
हर दर्पण में आप मिलेंगे जिसे
वह आता है और जाता है।

आपका जिस्म एक कोकून है। भीतर झूमती है
ऊँघती हुई आत्मा संसार की।

जब उसकी नींद खुलती है वह अपने पंख फैलाती है,
और अचानक झूलकर उतर आते हैं तारे एक साथ
बहुत क़रीब :
टिनटिनाते हुए।

अनन्त का शिंजन
प्रत्यक्ष और टिमटिमाता।
मौन के आलोक से सरकने लगता है मन।

•

कुछ शब्द पत्थरों जितने क़ीमती हैं
ज़मीन से या अपने अन्तस से मिले,
या तो अपने-आप
या मृतकों के गोपनीय संवाद में।

इससे अहम और क्या होगा,
अनन्य या और भी गहन?
कुछ शब्द हवा से भी हल्के होते हैं
हीरे से भी अधिक सख़्त।

•

यदि आप समुद्र की कामना करते हैं,
तो नदी हो जाएँ।

यदि चाहें, तो नदी-सच कहे देती हूँ :
यह सड़क पहाड़ नहीं चढ़ती।

नदी-सड़क पहाड़ी को घेरती है।

•

मैं अपने हाथ को बहते हुए पानी में देखती हूँ।
न वह डूबता है, न तैरता है।
रोशनी लरज़ती है।
मेरा मन न तनाव में है न शान्त।
नदी-तल दीख पड़ता है—हालाँकि गहराई नहीं।
मेरी हथेली दिखाई नहीं देती।
पानी शान्त और शीतल है।
तैर रही है शैवाल,
चन्द पीले पत्ते बहे चले जा रहे हैं।
मैं अपने हाथ को बहते हुए पानी में देखती हूँ।
हाथ दर्शक का अनुसरण करता है।

•

गिरजाघर के ओसारे से निकलते हुए
हवा की दिशा में प्रकाश की ओर आते,
क्या तुमने फूलते हुए लाइलैक को देखा है?

एक ख़ज़ाना है वहाँ नीचे,
अशान्त समय से बचा हुआ
युद्ध की लहरों के पार।

रजत शब्दों से रक्षित
कांचन निरा मौन का।

अवश्य मिल जाएगी तुम्हें
सवारी अनन्त की।

पहुँचकर लिखना।

•

एक सीढ़ी, एक आकाश-घोंघे का खोल,
क़दम-दर-क़दम खुलता है, साल-दर-साल,
उसकी रेखा फीकी पड़ती जाती है।

सिर्फ़ थकान बढ़ती है और देती है
भारी, लाल और तेज़ी से फैलते हुए फूल,
और कभी-कभी तो फल।

बीजाणुओं और अंगारों की बरसात।
शब्द
फूट पड़ते हैं आँख और कान से।
श्वास।

मौन।
ख़ालीपन का चौंधाता हुआ उग्र प्रकाश।

लरज़ते हुए चकासे में
खोल खुलता है आकाश-घोंघे का
अपने मूल अरूप में।

बस एक क़दम और
और अन्तर्मन देख लेगा
बाहर के मन को।

सप्त स्वर

1

मेरे बारे में मत सोचो।

मैं तो बस एक स्वप्न थी।
सत्य की गहराइयों में एक चमक।
जिस चीज़ का महत्त्व है वह यह है कि तुम्हें क्या मिला।

2

बारिश, क्या तुम बारिश ही होती हो
जब तुम गिरती नहीं?
स्वप्न, क्या तुम स्वप्न ही होते हो
तुम्हें जब कोई नहीं देखता?

धुंध में दबे
नंगे और मूक पहाड़ पर
ये किसकी पदचापें हैं?
सुनने वाला सोचता है।

चलने वाले का मन बहकता है।
सुनने वाले के स्वप्न में से रिसती है
पदचापों की फुहार—

कल्पतरु के पत्तों सी।

3

ख़ामोशी बोलता है ईश्वर।
बाक़ी सब ख़राब अनुवाद है।

क्या यह मैंने पढ़ा था
या किसी स्वप्न ने इसे कहा था?

शायद कोई कुत्ता भौंका था।
शायद रूमी बोले थे।

•

जो पीड़ाएँ
        हमें पकड़ लेती हैं
देर-सबेर
        उनमें से हम चुन लेते हैं किसी को
और उसे बहने देते हैं अपने भीतर से
        और गढ़ने देते हैं
हमारी आत्मा को।
        यही है हमारी नियति,
ख़ुद को गढ़ती हुई पीड़ा,
        जो हमारे अन्तर्तम का
सार और रूप है।

•

क़दम-दर-क़दम
पुल-ब-पुल
तुम उतरते हो
अपने भीतर, सिमसिमाते हुए
उस स्वप्नलोक में
जो बढ़ता रहता है,
घटता रहता है—
फिर भी सदा कगार तक धधकता है,
बहते हुए आता है
अँधेरे रहस्य के
बीच में से मरमराता हुआ, डराता हुआ, इन्द्रधनुषी रंगों वाला
जो मुग्ध करता है,
भयभीत करता है,
पूछता है...चुप!
साँस रोको;
बोलने दो अनन्त को।

•

मैं तुम्हारा इन्तज़ार करती रही उस ठंडी सुबह,
मैं जानती हूँ कि तुम नहीं जानते थे पर अब तुम जानते हो :
मैं तुम्हारा इन्तज़ार करती रही। उस ठंडी सुबह।
यह कहने की ज़रूरत नहीं कि तुम्हें दुःख है—तुम ऐसे ही हो।

सब कुछ हमसे बहुत दूर तय कर दिया गया था।
मैंने इन्तज़ार किया—मैं यही करना चाहती थी—लेकिन
सब कुछ तय कर दिया गया था। हमसे बहुत दूर।
मैं जानती थी तुम नहीं आओगे, चाहे कुछ भी हो जाए।

नहीं, कृपया यह मत कहो कि तुम मुझे मिलने आए होते,
यदि तुम्हें बस पता होता, तुम आए होते।
नहीं, कृपया यह मत कहो कि तुम मुझे मिलने आए होते।
मुझे सब झूठों से नफ़रत है। जो सबसे मीठे हैं उनसे भी।

•

और मैं प्रेम करती हूँ तुमसे क्योंकि
मैं प्रेम करती हूँ।

मिलना क्यों—
तुम सिर्फ़ हवा हो मेरे लिए।

हमेशा हाज़िर।

•

जीवन और स्वप्न—पत्ते
एक ही पेड़ के,
निस्सीम पुस्तक।

वह जो पढ़ता है, जीता है,
वह जो पन्ने पलटता है, सपना देख रहा है।

जीवन और स्वप्न—दो बहनें।
तीसरी, सबसे छोटी, मृत्यु है।

•

लम्बी रातें मैं सुलगती रही तुम्हारे लिए।
अगर तुम्हें मालूम होता कितने कीट-पतंग
होम हुए सीधे मेरी अग्नि में उड़कर—
तब मैं ख़ुद बाहर चली आई।
बहुत थक गई थी मैं।

और अब तुम अँधेरे में आते हो, डगमगाते
और मेरा नाम पुकारते हुए।
जवाब में मैं चुप हूँ।

अगर हम मिल भी जाते, वे नहीं होते
जो जला सकते थे आकाश की बाती को,
स्वप्निल आकृतियों में प्राण फूँक सकते थे,
एक और संसार को दे सकते थे अंजाम।

•

उसका कोई-सा भी चुम्बन एक कविता है
जीवन की भाषा में,
उसकी हर कविता एक चुम्बन जो छिपाता है
ज्वाला-भव्य टिमटिमाती हुई पहेली को :
एक प्रेममृत्यु,
एक भजन, एक मृतोत्थान।

उसका कोई-सा भी शब्द
झलक-देखा वृत्तांश है अग्नि का
मौन का अँधेरा पानी
इस सन्देश से हज़ारगुणा : वह सब रखो
जो जीवित है।

नि:शब्द धड़कता है
उसका हृदय, स्पर्शित
केवल सत्य की उँगली से।

•

पथरीले रेगिस्तान में
एक झरना,
सर्वशक्तिमान शब्द
औरत के शरीर में—
इस मन्दिर में
कई एक झुके हैं।

ख़ालीपन से ख़ालीपन तक
बढ़ती है यात्रा
पूर्ण की तलाश में—
एक तीर्थ-यात्रा
जो मुड़ी हुई होती है
सत्यता की ओर।

•

जली हुई कविताएँ
जीवित हैं तुम्हारे आसपास।
उनकी फुसफुसाहट और सरसराहट,
किसी बच्चे की शफ़्फ़ाफ़ आवाज़ में एक दुआ,
लम्बी और खरखराती हुई एक पुकार
मदद के लिए।

•

किस भाषा में लिख सकती हूँ मैं
ऐसी किसी भाषा के बारे में
जो समर्पण करने से, हथियार फेंकने से,
इनकार करती हो,
पहले ही से कह देती हुई
काल और कालातीत को,
जन्नत तक उठती हुई
भविष्य को ललकारती?

संक्षिप्त रहो, कवि
संक्षिप्त और टिके रहो विषय पर
कृपया।

•

चाहना, नींबू का रस
और जुदाई की बर्फ़
चाहत को ख़ालिस बनाए रखते हैं,
ज़िन्दा और सदाबहार।

यही कहती हैं पलकें
आँखों से :
फिर मिलेंगे।

•

अन्त तक सोची गई हर सोच
तितली में बदल जाती है; मुक्त होती हुई
जैसे कोई लहर वसन्त से टकराती है।

यह तूफ़ान
जिसकी साँस लेते हो तुम हृदय-भर।

•

अभी से तुम्हारे क़दमों की रोशनी बढ़ रही है
और सपनों का खिलना शुरू हो चुका है।

बहुत पहले गुम हो चुके बग़ीचों से
हमारे जिस्मों की ख़ुशबू अब भी रिसती है—
एक शिंजन,
जिसके बारे में हमने कभी बात नहीं की।

जिस पर जीते रहे हम?

•

कि, जैसे तुम उसे चाहते हो,
कि, जैसे वह तुम्हें,
पिघला सीसा है
मेरे कानों के लिए।

यह सब
कैसे सघन, असम्भव आकार लेता है
मेरे हृदय के जमे हुए तालाब में!

सीसे से हज़ार गुणा भारी
कृतघ्नता—यह ज़मीन, यह रंज,
यह झाड़-फूँक, जो एक दिन पहले ही दफ़ना देती है।

तुम्हारा प्रवाहमान, विशिष्ट
भाग्य सही है;
मेरी पीड़ा ग़लत।

इस दुनिया की पहरेदार
अब नहीं चाहती मैं होना।

किसी नक्षत्र की तरह मैं खोज रही हूँ
एक नया-नवेला ब्रह्मांड—

कोई सूरज, कोई सिरिंज या विधान,
कुछ ऐसा,

जो छीन ले बीनाई, तोड़ डाले,
साफ़ करे, भस्म कर दे
इस धड़कते बोध को।

•

रजत है उसकी छाया जो जा रहा है
मार्च की एक रात, मार्च की बर्फ़ में।

वह समुद्र जो सभी भाषाएँ बोलता है
चुप हो चुका है।

घंटियाँ बजती हैं, घंटियाँ,
घंटियाँ।

भाषाएँ याद की जाती हैं :
जो शब्द हमारी हस्ती को थामे हुए है
जीवन की भाषा में गुम्फित है।

और भी अधिक
हैं संसार में गुह्य भाषाएँ।

मुझे याद है,
ख़ूब याद है मुझे।

•

वह दूर है।
फिर भी मानो वह घर में है,
वक़्तन-बेवक़्तन चीज़ें उठाता, किताब के पन्ने पलटता,
तकिये को सीधा करता हुआ।
उसके प्रकाश-निर्मित शरीर से
एक सुराग छूट गया है कक्ष में।

एक रूहानी अवशेष।

•

हाँ, कभी-कभी हम पुकार लिये जाते हैं
भीतर से।

आप ठुकरा नहीं सकते इस आमंत्रण को।

कभी एक चीख़ हुआ करती थी वह :
हट जाओ कगार से!

अगली बार बस एक फुसफुसाहट : निशाना साधो
और ख़ाक हो जाओ!

कभी-कभी ख़ामोशी—इतनी लम्बी
कि आपको सोचना पड़ता है।

•

सर्प सोता है, चिड़िया उड़ती नहीं।
वह ख़ामोशी जो नींद लेकर आती है।
मुझे किसी और मनोदशा को महसूस करना है,
पहुँचना है
एक अवस्था से
          एकाकार अवस्था तक।

किसी सूत्र को प्रकाशित करना,
वॉल्ट्ज़ नाचना
अलस्सुबह खँडहरों पर,
        गुटक लेना साहस को,
सीधा पूछ लेने की ग़र्ज़ से :

क्या है, आख़िर क्या है समुद्र के पीछे,
जंगल के पीछे, घर के पीछे
जो सिर्फ़ लरज़ता है?

लहरें अशान्त हैं : ऊआ-ऊआ-ऊआ।

लेकिन भीतर रिसता है जवाबों का ख़ून।

•

प्रेम पार कर जाता है
पर्वत, नदियाँ, नाले,
अनन्त पसरे हुए समुद्र को
और पलक तक नहीं झपकती।

प्रेम निकल जाता है
दलदल और कीच-कादे के भीतर से
टुंड्रा और रेगिस्तान से—
कोई हिचक नहीं।

सब जीत लेता है प्रेम।

प्रेम सब समझता है,
यक़ीन से, उम्मीद से भरा है प्रेम,
मुआफ़ कर देता है सब।

सब प्रेम-ही-प्रेम है, जब तक
बीत नहीं जाता प्रेम।

कैसे?

•

शब्दों में ही सही,
चलो कहें हम, यह यह है।
जाएँ जब जान भरम को
कुछ भी थामे नहीं रहेगा हमें।

कुछ भी थामे नहीं रहेगा हमें
एक-दूसरे के साथ।

•

जहाँ भी रहता है वह, पाहुन ही रहता है।

एक प्रेत जो
जिस्म में नहीं है, न माक़ूल,
जो देख लेता है हर शै के आरपार,
लेकिन ख़ुद को नहीं।

उसका प्रेम वाष्पीय है
उष्ण झरने की तरह।
इतना तेज़ चलता है, कि आभास होता है
जैसे शान्त खड़ा हो वह।

वह जगह हर किसी, और हर शै में रहती है,
हमेशा दूर।
हर कोई उसमें ख़ुद को पहचानता है,
उसे नहीं पहचानता।

•

वह हर शै टूट जाती है
जो शान्ति से निर्मित नहीं है।

लेकिन शान्ति,
संसार की सबसे मज़बूत चीज़
—पूर्णत: पारदर्शी—
सदैव दुर्लभ
और महँगी है तर्क से परे।
यह अन्त्य और भंगुर संसार
कोई उम्मीद नहीं छोड़ता
कि मिलेंगे इल्हाम के और-से-और बिन्दु।

शायद सिर्फ़ अपने मन ही में
होता है छाया का कोई गुह्य आधार,
जिसके अँधेरे किनारे
नारकीय शिकारी कुत्तों की मानिन्द
उँडेलते हैं पीड़ा और भय।

उम्मीद अन्तिम उम्मीद है—
उसे तजकर ही
किया जा सकता है संश्लेषण
शान्ति का।

•

उन सब शहरों में—
जिनमें हम कभी साथ नहीं रहे
कुछ समानता है।

वे हक़ीक़ी नहीं हैं।

मैं उन्हीं शहरों को जानती हूँ
जिनमें भूख से बिलबिलाई हूँ मैं,
व्यथा और प्रेम में रही हूँ।

एक ही पता है :
नंगी ज़ुबान,
धड़कती नस।

•

उजला, उजला दिन
धमनियों के ख़ून सा।

चेरी के पेड़ फल रहे हैं
और तुम नहीं हो यहाँ।

मेरी हथेलियों में बेतरह जूझते हैं
सिर और पूँछें।

पहाड़ों में हालाँकि
उमड़ता, क्षरित होता
हतप्रभ और उन्मुक्त करता
हिम-स्खलन।

•

पोस्त की कली
फूलती है तुम्हारी हथेली में
बढ़ती है, उभर आती है, फूट पड़ती है
जंगली आकारों में,
कायनात में पसार देती है
एक प्रज्वलित, टेढ़ी-मेढ़ी
उन्मुक्त और उत्सवी पगडंडी
होश के खो जाने तक—
अफ़ीम, ओह!

रेशमी लाल पंखुड़ियाँ
सरकती हैं गिरती हैं और सरकती हैं
जीवन और समय और कहानियों के आरपार।

•

किसी गुह्य सूत्र की थाह पाने
तुमने अनावृत किया है
इस और उस अनुभव को,
आच्छादन हटाये हैं कई पात्रों के,
चल और अचल
और दुखद संदिग्धताओं के,
प्रतिबन्धित और अवाक् के।

सूत्र प्रकट नहीं होता
न सम्मिश्रण स्पष्ट,
न अनुभव ढलता है सोने की धातु में।

घोल दो उत्कृष्ट को निकृष्ट में,
अग्नि, वायु, पानी और पृथ्वी,
विचार और रक्त, कामना और देह,
असम्भवता और अपराजेयता;
तब भी पलकों के नीचे कोई राह नहीं
तुम्हरे सत्त्व तक जाती हुई—

उस व्यथा में भी जो प्रेम की पात्र है,
उस मरने में भी जो अमर्त्य है।

•

हर चीज़ पनपती है, सारभूत होती है, धीरे-धीरे
पारदर्शी होने लगती है।
संसार को समझती और चखती हुई
मैं धीरे-धीरे सीख रही हूँ।

पानी बहुत गहरा है,
मीठा है श्वेत, निर्मल,
असीम,
निःशब्द विस्मय।

•

उन सबकी ओर से
जो समा गए हैं समुद्र में,
उन सबके वास्ते
छूट गया है जिनके हाथ से दिन,
मैं प्रार्थना करती हूँ
पतली मोमबत्ती के मन्द पड़ते आलोक में
थके हुए हृदय की अन्तिम
पीड़ा और सामर्थ्य से।

चले आइए आप,
जो भी आवारा हैं, छलिये और अपंग हैं
ख़ानाबदोश हैं या फिर गणिकाएँ,
दल्ले और ज्योतिषी,
उठाईगीर, झूठे, नशेड़ी,
खुरंट, ख़र्चीले या पियक्कड़ हैं;
जो भी भयभीत हैं, भूखे हैं, ठिठुर रहे हैं,
पिता-विहीन जन्मे हैं जो,
जिन्हें ठुकरा दिया है दुनिया ने,
जो भटक गए हैं, व्याकुल हैं—
सबसे मख़मली कमरों में आप आराम फ़रमाएँगे
आज की रात।

आपके लिए दस्तरख़्वान बिछाऊँगी,
पेश करूँगी लज़ीज़ व्यंजन और वाइन—
आइए आप,
मैं ख़ूब जानती हूँ आप सबको,
आपका ख़ून शायद घुल ही जाए मेरे ख़ून में...
बस एक के लिए फाटक ख़ामोश है।

सिर्फ़ तुम्हीं एक हो जिसे मैं नहीं जानती, आततायी।

•

दरवाज़ा ज़रा-सा चर्राया।
शायद हवा ने उसे खोल दिया था।
सब लोग मेज़ के चहुँ ओर बैठे थे,
चुपचाप डिनर कर रहे थे।

जब मैंने आँखें उठाईं,
तुम दहलीज़ में खड़े थे।
तुम्हारे होंठों पर
सदा की तरह
वही तिरछी मुस्कान थी।

मैंने अपना कप रक्खा और मैं खड़ी हो गई।
मैं बस इतना ही कर सकती थी।
तुम देर तक मुझे देखते रहे
और तुम्हारी नज़र उदास थी।

कितना अजीब था
कि तुम ज़रा भी नहीं बदले थे।
बस तुम्हारे मुँह पर
कटुता की रेखाएँ गहरी हो गई थीं।

मैं तुम्हें अन्दर बुलाना चाहती थी,
पर अचानक
दीवारें डोलने लगीं
और फिर घूमने लगीं।

मैंने आँखें बन्द कर लीं।
जब मैंने उन्हें खोला, दरवाज़ा बन्द था।
सब लोग पहले की तरह ही
चुपचाप डिनर कर रहे थे।

•

तुम्हारे जीवन्त चेहरे पर दौड़ते हैं
अनुभव के चिह्न
—एक कम्पन, एक टीस, एक शिकन, एक चुप्पी—
सब दर्ज हो रहा है।

तुम्हारा हर गुह्य विचार,
प्रतिक्रिया, इनकार,
हर चयन और भूख
सब दिखता है—और सबकी वजहें।

इतना ही सरल है सब, इतना ख़ालिस,
इतना स्पष्ट, ठोस और एकाकार :

जिस दुनिया के लिए तुम तैयार हुए
वह आ रही है।

तुम उसे ग्रहण करोगे, नहीं क्या?

•

भव्य दिन! रजत रातें!
संसार आकार लेता है और काँपता है।

मेरा हृदय, भाग्य का नन्हा-सा घुँघरू, धड़कता है
तुम्हारे लिए सैकड़ों बार :

मत जाना मत जाना
    मत जाना
        अटक कहीं, रुपहली निगाह।

नाज़ुक-सी नई बर्फ़ पर तुम्हारी पगडंडी
सफ़र करती है, घूमती और पिघलती, लम्बी
छाया और मृत्यु-सी हल्की।
डरो मत, वह तुम्हारे अन्तर्मन तक
एक बार फिर वक्राकार घूमती है।
                एक दुन्दुभि
जामुनी नब्ज़ किसी अज्ञात घंटे को बजाती है।

•

अपना कोमल कपाल लिये, तुम घूमते हो
शहर के दुःस्वप्न इलाक़े में, हाथ
पसारे जैसे चीख़ के भीतर।

नहीं, उन्हें कोई आभास नहीं तुम क्या देखते हो।

सारी सड़कें और पूरा यथार्थ ही धरा है सान पर
और कोई ग़ैबी ताक़त जुड़ती है इस सब के पार,
जलराशियाँ, अग्नि के बादल, एक विस्फोटक परीक्षण।

नहीं, तुम भागकर कहीं नहीं जाओगे—चाहकर भी नहीं—
तुम इसी चित्र से वाबस्ता हो; कोई चारा नहीं।

नहीं, तुम नहीं पूछोगे, किसका स्वप्न है यह,
यह प्रेम जो मृत्यु-सा ही सरल है।

ठंडा गुप्त हथियार तुम्हारी कनपटी पर तना
तुम्हें बन्धक बनाए हुए है—वह सब
जो तुमसे ले लिया गया है।

•

यह फन्दा, यह लटकन तुम्हारे अस्तित्व की,
और कस रही है, गला घुट रहा है तुम्हारा और
मैं मदद नहीं कर सकती तुम्हारी, नहीं जानती कैसे—
मेरे जो एक ही एक हो तुम।

तुम्हारी तृष्णा से चकित हूँ मैं—एक विशाल जड़
पाताल में, जो फैली है
पतित, निष्प्राण जीवन की हद तक।

आह, अगर प्रेम भी काफ़ी नहीं
कि समझ सकें हम, ले आएँ उबार कर, फिर भला
क्या बचता है?

ऐसा कहा उसने सुलगती आँखों से;
उसकी उँगलियों के बीच जलती हुई सिगरेट—
और सुन्दर जलता हुआ आर्क बन आया—
फिर झर गई
राख।

•

जब मैंने तुम्हें निकाल दिया।
आख़िरकार।

जब तुम वहाँ खड़े थे अपने सूटकेस के पास
कोसते, धमकाते हुए मुझे :
मेरे बारे में कभी बात मत करना!

प्रियतम, प्यारे!

सच में सिर्फ़ ख़ुदा के बारे में मैं कभी बात नहीं करती,
सिर्फ़, उसी के बारे में।

क्योंकि वह शब्दों से परे है,
हालाँकि पूरा जीवन मैं ढूँढ़ती रही हूँ शब्द,
अब भी ढूँढ़ रही हूँ शब्द उसके लिए।

तुम्हारे बारे में मुझे कहना भी क्या है,
प्रिय?

क्योंकर बात करूँ मैं तुम्हारे बारे में?
कौन परवाह करता है तुम्हारी—या मेरी?

•

ऐसी कुछ शामें
शहर की सुगन्धित, लहरदार, आशान्वित
फेनिल और कुछ-भी-चलेगा-सी बौड़म
गलियों में चलते हुए,
मैं बिलावजह अचानक
पैना और भारी महसूस करती हूँ,
इतना तकलीफ़देह भारी, कि मैं गिर जाती हूँ
समयदुनिया की झट से सलवटों में बदलती
रंग-बिरंगी, दिलफ़रेब, इन्द्रधनुषी सतह के पार—
वे पदार्थ जो दबाव से जुड़े रहते हैं—
हत्यारे के पत्थर की तरह, उतने ही अबूझ
जैसे गिरते हुए तारे।

वहाँ, जहाँ मनुष्याकार एक अनाम,
खुरखुरा छिद्र शेष है,
जमा हो जाते हैं कुछ स्तम्भित और जिज्ञासु,
भीतर से आ रहा होता है
भव्य संगीत जैसा
शफ़्फ़ाफ़, चकाचौंध, अर्थ-शून्य
अक्षत और अपराजेय आदिम तत्त्व—
वह अतुकान्त कक्ष।

•

तुम्हारे हाथ ने मेरे नितम्ब को छुआ
एक अनायास अनुभूति की तरह।
नहीं, प्रेमी नहीं। कोई वाग्देवी,
मैंने निस्संकोच उत्तर दिया।

तुम्हारी निगाह ईर्ष्यालु थी क्षण-भर—
कुछ देर तक, लगभग क्रुद्ध।
आह, विवेक-सा ही है प्रेम—
देने से कम कहाँ होता है भला।

टिकट गिरकर चिपक गई ख़त पर,
ख़ैर, जो हो गुज़रता है वह यह है :
जो एक जीवन में महाकाव्य है,
दूसरे में मात्र एक कथांश।

छिड़े हुए राग बहा ले जाएँ इन्द्रियों को
सिरे से धुल जाये नापाक हर सोच।
जो भी विवाहित है संयोग से,
अपरिहार्य से करता है प्रेम।

•

रेत पर पंख की क़लम से, हवा में पुष्पित एक शाखा से,
तुम्हारी नग्न पीठ पर एक उँगली से
मैं पासवर्ड लिखती हूँ—
आदिम, नाज़ुक और सशक्त,
सोच से अनछुआ, भाषा से मुक्त।

पानी पर जगमगाता एक स्थल,
एक चिंगारी, क्षण-चित्र और ईश्वर का आवेश :
एक हवा उतनी ही पुरानी जितनी दुनिया है
जा रही है हम में से गुज़रती हुई।

•

पक्षियों का गान दिन की शर्मीली कोंपल को खोलता है।

घनेरी और प्रबल है उमंग-भरी हिलोर,
एक उसाँस
पृथ्वी के क्रोड़ से पेड़ों की फुनगियों तक
पत्तों को घंटियों-सा बजाती हुई।

महीन, वायवी है नींद से जगती हुई इन्द्रिय सुगन्ध की
आनन्द से छलकती,
चाहना के अनुनाद-सी शिंजित
जैसे जल के पार गिरजाघर की घंटी।

✪

आभार

इस संग्रह की कविताएँ डोरिस कारेवा के निम्नलिखित कविता-संग्रहों में से ली गई हैं : *तस्वीरें* (*Päevapildid*, 1978); *रात की तस्वीरें* (*Ööpildid*, 1980); *स्पर्श* (*Puudutus*, 1981); *गुप्त चेतना* (*Salateadvus*, 1983); *छाया और अन्तराल* (*Vari ja viiv*, 1986); *इनायत के दिन* (*Armuaeg*, 1990); *दुनिया की बजाय* (*Maailma asemel*, 1993); *आत्मा का चक्र* (*Hingering*, 1996); *समय का आकार* (*Aja kuju*, 2005); *अर्थ* (*Tähendused*, 2007); *शून्य का बगीचा* (*Olematuse aiad*, 2012); तथा *अनन्त का किनारा* (*Lõpmatuse lävel*, 2015)। इसके अलावा उनकी कुछ ऐसी कविताएँ भी ली गई हैं जो किसी संग्रह में शामिल नहीं हैं।

उनका कविता-संग्रह *समय का आकार* अंग्रेज़ी में टीना आलेमान द्वारा अनूदित है और उनकी कविताओं का एक संचयन *इनायत के दिन* शीर्षक से मिरियम मैकिलफैट्रिक-सेनोफ़ॉनटॉव द्वारा अनूदित और सम्पादित है। हम इन दो अनुवादकों के प्रति हार्दिक आभार व्यक्त करते हैं क्योंकि डोरिस की कविताओं के साथ हमारा विस्तृत और आत्मीय परिचय इन्हीं दो बहुमूल्य किताबों के माध्यम से हुआ। डोरिस कारेवा से हमारी पहली मुलाक़ात विस्बी, स्वीडन, में स्थित *बाल्टिक सेंटर फ़ॉर राइटर्ज एंड ट्रांसलेटर्ज* में हुई थी जहाँ उस समय वहाँ चल रहे अन्तर्राष्ट्रीय काव्योत्सव में शरीक सभी कवियों के पास एक-दूसरे के अंग्रेज़ी अनुवाद उपलब्ध थे। डोरिस के साथ हमारी पहली मुलाक़ात कालान्तर में प्रगाढ़ मित्रता में बदल गई जिसके फलस्वरूप कई छोटी-बड़ी मुलाक़ातों के बाद यह संकलन सम्पन्न हुआ। जब-जब भी सम्भव हुआ हम लोग आपस में मिलते और बिना किसी संस्थागत दख़ल के इस पांडुलिपि पर काम करते रहे। रज़ा फ़ाउंडेशन ने दिल्ली और भोपाल

में डोरिस कारेवा के काव्य-पाठ भी आयोजित किए, और दोनों बार डोरिस के साथ कई दिन हम लोगों ने अनुवाद का काम किया। हर अंग्रेज़ी अनुवाद का मूल से मिलान करने के बाद वे कई बार हमें चर्चा में बहुमूल्य सुझाव दे पाने में सक्षम होती थीं। 2014 में एस्टोनिया में कैस्मु नामक तटवर्ती गाँव में स्थित लेखक-गृह और अन्तिम बार 2019 के जादुई ग्रीष्म के दौरान बाल्टिक समुद्र के तट पर बसे गाँव कुल्लामै में उनके स्वीडी मित्रों एमे और मात्स एस्टोनिउस के तटीय निवास में आमने-सामने बैठकर हम लोगों ने लम्बे समय तक काम किया, जिसके बाद भी इस संकलन के छपने के ठीक पहले तक डोरिस के साथ हमारा संवाद चलता रहा। 2016 में तेजी को मिली एक फ़ेलोशिप के दौरान नान्त, फ्रांस, में उनके सुदीर्घ संग-साथ का संयोग बना। वे हमेशा हम लोगों के लिए पर्याप्त समय निकाल लेती थीं, और तेरह बरस की इस सोहबत के दौरान हमारी स्वयं की कविताओं और लेखन में भी पूरा समय उनकी भरपूर रुचि बनी रही।

यहाँ यह बताना प्रासंगिक होगा कि हिन्दी कवि विष्णु खरे ने भी कुछ हद तक डोरिस कारेवा की कविताओं का अनुवाद किया था, कवि-अनुवादक की हैसियत से अपने बहुत कर्मठ और निष्ठावान जीवन-काल के दौरान इस कार्य के ठीक से सम्पन्न होने के बहुत पहले ही वे इस फ़ानी दुनिया को छोड़ गए। इस संकलन में विष्णु जी की याद भी ख़ूब रची-बसी हुई है और हम उम्मीद करते हैं कि वे और उन्हें चाहने-पढ़ने वाले मित्र इस संकलन में शामिल अक़ीदत के फूलों को स्वीकार करेंगे।

—तेजी ग्रोवर
रुस्तम सिंह

अनुवादक परिचय

तेजी ग्रोवर

जन्म 1955, पठानकोट, पंजाब। कवि, कथाकार, चित्रकार, अनुवादक। छह कविता-संग्रह, एक कहानी-संग्रह, एक उपन्यास। आधुनिक नॉर्वीजी, स्वीडी, फ्रांसीसी, लात्वी साहित्य से तेजी के पन्द्रह पुस्तकाकार अनुवाद प्रकाशित हैं। प्राथमिक शिक्षा और बाल साहित्य के क्षेत्र में भी उनका महत्त्वपूर्ण हस्तक्षेप और योगदान रहा है। तेजी की कृतियाँ देश-विदेश की तेरह भाषाओं में अनूदित हैं; स्वीडी, नॉर्वीजी, अंग्रेज़ी और पोलिश में पुस्तकाकार अनुवाद प्रकाशित। 2020 में उनकी सभी कहानियों और उपन्यास *नीला* का एक ही जिल्द में अंग्रेज़ी अनुवाद प्रकाशित हुआ है। भारत भूषण अग्रवाल स्मृति पुरस्कार और रज़ा अवार्ड से सम्मानित तेजी 1995-97 के दौरान वरिष्ठ कलाकारों हेतु राष्ट्रीय सांस्कृतिक फ़ेलो चयनित होने के साथ-साथ प्रेमचंद सृजनपीठ, उज्जैन, की अध्यक्ष भी रहीं। 2016-17 के दौरान नान्त, फ्रांस, में स्थित इंस्टिट्यूट ऑफ़ एडवांस्ड स्टडी में फ़ेलो रहीं।

2019 में उन्हें वाणी फ़ाउंडेशन का विशिष्ट अनुवादक सम्मान, और स्वीडन के शाही दम्पति द्वारा रॉयल ऑर्डर ऑफ़ पोलर स्टार (Knight/ Member First Class) की उपाधि प्रदान की गई।

ईमेल : tejigrover@yahoo.co.in

रुस्तम सिंह

कवि, दार्शनिक तथा अनुवादक। जन्म 30 अक्तूबर, 1955। अब तक सात कविता-संग्रह प्रकाशित हुए हैं, जिनमें से एक संग्रह किशोरों के लिए है। अंग्रेज़ी में भी तीन पुस्तकें प्रकाशित हुई हैं। अंग्रेज़ी में पर्चे और निबन्ध कई राष्ट्रीय तथा अन्तर्राष्ट्रीय पत्रिकाओं में प्रकाशित हुए हैं। उनकी कविताओं का अनुवाद कई भारतीय तथा विदेशी भाषाओं में हुआ है।

उन्होंने नॉर्वे के कवियों उलाव हाउगे तथा लार्श आमुन्द वोगे की चुनी हुई कविताओं का हिन्दी में अनुवाद किया है। ये संग्रह *सात हवाएँ* (2008) तथा *शब्द के पीछे छाया है* (2014) शीर्षकों से प्रकाशित हुए।

वे एकलव्य फ़ाउंडेशन, भोपाल, में सीनियर फ़ेलो तथा वरिष्ठ सम्पादक रहे हैं। वे Indian Institute of Advanced Study, Shimla, तथा Centre for the Study of Developing Societies, Delhi, में फ़ेलो रहे हैं। वे *Economic and Political Weekly,* Bombay, के सहायक सम्पादक तथा (श्री अशोक वाजपेयी के साथ) महात्मा गांधी अन्तर्राष्ट्रीय हिन्दी विश्वविद्यालय, वर्धा, की अंग्रेज़ी पत्रिका *Hindi : Language, Discourse, Writing* के संस्थापक सम्पादक रहे हैं। वे Centre for Philosophy, Jawaharlal Nehru University, New Delhi, में विजिटिंग फ़ेलो भी रहे हैं।

ईमेल : rustamsingh1@gmail.com

AF553616